Stets tun sich
neue, wunderbare
Möglichkeiten
für mich auf.
Ich fließe
harmonisch
mit dem
gegenwärtigen
Augenblick.

Ich nehme die
Fülle des Lebens,
die das Universum
mir schenken möchte,
jetzt dankbar an.

werden Sie ihn gerne und regelmäßig pflegen,
und wenn Sie so mit dem Garten Ihrer Gedanken
verfahren, wird Ihr Leben von Tag zu Tag schöner werden.
Sie selbst verfügen über die Macht und Autorität, die Kontrolle
über Ihre Gedanken und Ihr Leben zu übernehmen.

Lesen Sie diese Affirmationen. Sie können täglich willkürlich eine oder mehrere aufschlagen und betrachten in beliebiger Reihenfolge. Ganz wie Ihre Intuition Sie führt. Oder aber Sie gehen systematisch Seite für Seite vor.

In jedem Fall gehen Sie damit den ersten
Schritt hin zu einem erfüllteren Leben.
Ich weiß: Sie können es!

Louise L. Hay

Jeden Morgen erinnere ich mich daran, dass ich mich bewusst dafür entscheiden kann, mich gut zu fühlen.

Diese neue Gewohnheit kultiviere ich von nun an.

1

Liebe ist die
große Wunderkur.
Wenn ich mich selbst liebe,
bewirkt das in meinem
Leben wahre Wunder.

Veränderungen können
in jedem Augenblick
geschehen.
Ich bin bereit,
mich zu verändern.

Alles, was ich tue,
schenkt mir Erfüllung.
So, wie ich bin,
bin ich gut genug.

Es ist mein Geburtsrecht, ein freies und erfülltes Leben zu führen.

Ich lasse es zu,
dass mein Wohlstand
stetig zunimmt,
und ich lebe immer
in Freude und Fülle.

Ich betrachte
meinen Körper
als guten Freund.

In meiner Welt bin ich selbst die schöpferische Kraft. Ich strebe danach, mich auf bestmögliche Weise selbst zu verwirklichen.

Auf bekannten ebenso
wie auf neuen,
unerwarteten Wegen
strömt Gutes in
mein Leben.

12

Mein Herz
ist offen.
Ich gebe
jeden inneren
Widerstand
auf.

Mein Zuhause ist
genau richtig für mich.
Es ist ein sicherer Ort,
erfüllt von
liebevollen Gedanken.

Ich bin eins mit der Macht
und Weisheit des Universums.
Ich habe alles, was ich zum
Glücklichsein brauche.

Ich verfüge über
unbegrenzte Mittel
und Fähigkeiten,
mein Leben positiv
zu gestalten.

Ich atme tief, ruhig und frei. Der Atem ist die Grundlage meines Lebens.

Ich habe
viele Träume,
und ich verdiene es,
dass meine Träume
in Erfüllung gehen.

Frohe Gedanken erschaffen eine fröhliche Welt.

18

Ich verfüge über meine eigenen, ganz besonderen Fähigkeiten und Talente.

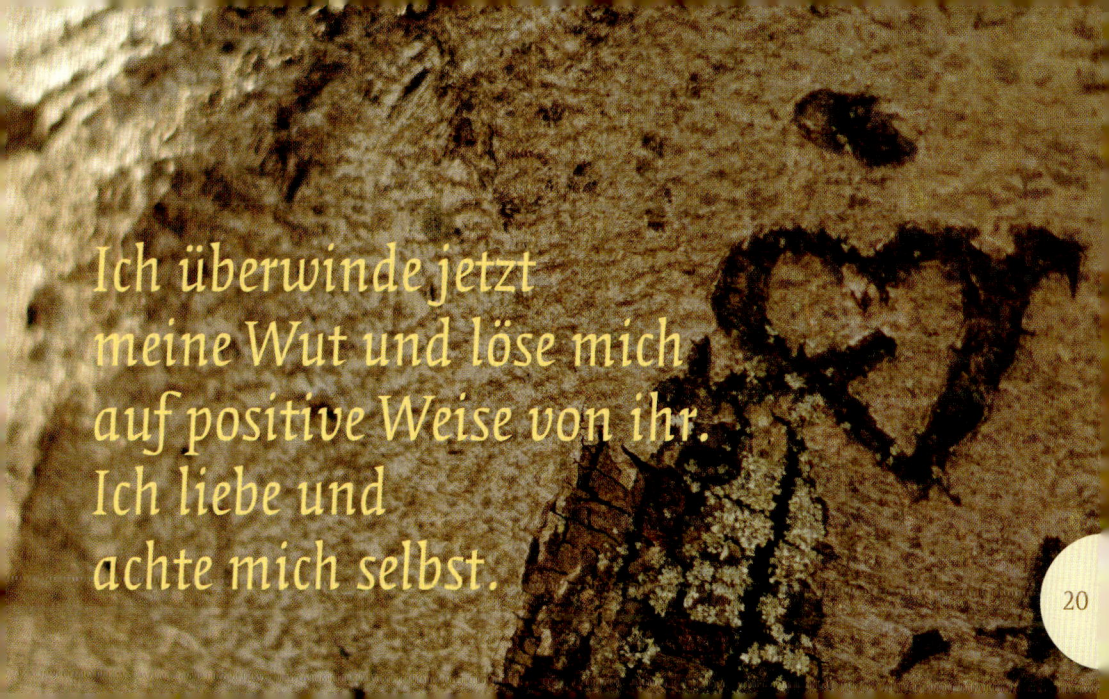

Ich überwinde jetzt
meine Wut und löse mich
auf positive Weise von ihr.
Ich liebe und
achte mich selbst.

Ich richte mein Denken ausschließlich auf das, was ich in meinem Leben verwirklicht sehen möchte.

Ich bin überreich mit Liebe,
Harmonie und Freude gesegnet.
Mein Leben ist
in perfekter Balance.

22

Der Ozean des Lebens ist eine unerschöpfliche Quelle der Fülle. Überall warten reiche Möglichkeiten und Gelegenheiten auf mich.

Ich sehe klar. Ich erschaffe mir jetzt ein Leben nach meinen Vorstellungen.

Ich lasse meine
Liebe frei fließen.
Liebe ist grenzenlos
und unerschöpflich.

Ich versorge meinen Körper mit gesunden Speisen und Getränken und verschaffe mir ausreichend Bewegung, die Freude macht.

Ich liebe das Leben!
Ich bin froh,
auf der Welt zu sein!

Ich bin mir meines Selbstwertes bewusst.
Ich entfalte hier und jetzt
mein höchstes Potenzial.

Ich sehe in allen Menschen
das Positive und habe nur gute,
gesunde zwischenmenschliche
Beziehungen.

Ich
vergebe
mir selbst.
Dadurch
werde ich
frei.

Ich behandle alle Menschen, mich selbst eingeschlossen, tolerant, mitfühlend und liebevoll.

Die Grenzen und Schwächen meiner Eltern begrenzen mich nicht. Ich kann gefahrlos eigene, neue Wege beschreiten.

Ich wähle stets liebevolle, positive und konstruktive Worte.

34

Ich höre auf
zu kämpfen.
So finde ich Frieden.

Es ist meine
Lebensbestimmung,
Erfüllung zu finden.
Ich weiß, dass das
Universum unaufhörlich
für mich sorgt.

Kein Mensch, Ort oder Ding hat irgendeine Macht über mich, denn in meinem Geist bin ich der einzige Denker.

Ich ziehe Nutzen aus all meinen Erfahrungen. Ständig erlebe ich positive Veränderungen.

Mein Körper ist vollkommen.
Ich bin blühend gesund.

Ich überwinde
alle Hindernisse.
Ich bin göttlich
geführt und inspiriert.

Ich verfüge über alle geistigen
und emotionalen Fähigkeiten,
die ich brauche,
um ein liebevolles,
erfülltes Leben zu führen.

Ich bin heute gut gelaunt.

Humor und Freude sind Quellen des Wohlbefindens und der Gesundheit.

Das Leben bringt mir nur gute Erfahrungen. Ich bin offen für neue und wundervolle Veränderungen.

Ich treffe stets die richtigen
Entscheidungen.
Ich vertraue auf meine
Intuition.

Mein Herz öffnet
sich immer weiter.
Ich gebe und
empfange immer
mehr Liebe.
Ich bin froh,
und andere haben
Freude an mir.

Ich freue mich, wenn andere Erfolg haben. Ich weiß, dass immer genug für alle da ist.

In meinem Leben
reiht sich
Wunder an Wunder.
Ich bin offen
für die Wunder,
mit denen
das Universum
mich beschenkt.

Ich lasse jetzt
alle alten, einengenden
Gedanken hinter mir.
Positiv und freudig
blicke ich nach vorn.

Ich habe nur
wundervolle,
harmonische Beziehungen.
Der liebende Mensch,
den ich suche,
sucht auch mich.

Mein inneres Sein
ist wunderschön und
voller Liebe.
Meine Seele ist
ein reicher,
paradiesischer Garten.

Mein Leben wird immer besser und besser. Ich gehe freudig allem Guten entgegen.

50

Ich regiere
in meiner Welt,
und ich handle stets
ehrenhaft und mit
Integrität.

Wir sind alle eine Familie,
und der Planet ist unser Zuhause.

Durch das, was ich denke und sage, erschaffe ich meine Erfahrungen. Darum denke und sage ich ganz bewusst nur Positives.

Meine Harmonie mit allem,
was existiert, erfüllt mich mit
überschwänglicher Freude.

Ich löse mich jetzt bewusst von allen destruktiven Gedanken und Vorstellungen, die meinem Glück im Weg stehen.

Ich verwende
meine Macht weise.
Ich bin stark und behütet.
Alles ist gut.

Das Leben ist immer auf meiner Seite. Es liebt mich, ernährt und erhält mich und schenkt mir Erfüllung.

Ich bin liebenswert.
Liebe begleitet mich
auf allen Wegen.

Ich strahle Gesundheit, Glück, Wohlstand und Seelenfrieden aus.

Ich löse mich
von alten,
einengenden
Vorstellungen
und erlange so
die Freiheit
schöpferischen
Selbstausdrucks.

60

Ich vertraue auf mein höheres Selbst. Liebevoll höre ich auf meine innere Stimme.

In der Gewissheit,
dass es nur eine einzige,
alles umfassende Intelligenz
im Universum gibt,
öffne ich mich
für meine
innere Weisheit.

62

Wenn ich auf
mein inneres Selbst höre,
finde ich stets
alle Antworten,
die ich benötige.

Es ist heilsam,
wenn ich meine
Emotionen zulasse.
Ich kann
es mir leisten,
verletzlich zu sein,
denn das Leben
liebt mich.

Ich öffne mich
jetzt für all die
wunderbaren
Möglichkeiten
des Lebens.

Ich finde in
dieser Welt
Sicherheit und
Geborgenheit.
Wachstum und
Veränderung
ängstigen
mich nicht.

Alles, was ich wissen muss, wird mir zur rechten Zeit offenbart.

Ich sehe
mich selbst als
wunderbares Wesen,
das weise und schön ist.
Ich liebe das, was ich in mir sehe.

Mein Körper ist ein
faszinierendes Wunderwerk,
und es ist ein Privileg,
in ihm zu leben.

Wenn ich
mich selbst
wirklich liebe,
läuft in meinem
Leben alles bestens.

Ich habe die Kontrolle
über mein Leben.
Ich beanspruche jetzt
meine Macht zurück.

So, wie ich bin,
bin ich gut genug.
Ich achte und
wertschätze
mich jederzeit.

Ganz entspannt und
mit einem gesunden
Selbstwertgefühl
gehe ich durchs Leben.

Auf all meinen Reisen bin
ich stets sicher und geborgen.
Überall begegnen mir liebevolle,
hilfsbereite
Menschen.

Ich stelle in meinem Leben
alle Ampeln auf Grün.
So kann das Gute
ungehindert zu mir kommen.

Meine Mitmenschen
sind wie ein
Spiegel für mich.
Meine Welt ist
sicher und freundlich.

Der heutige Tag ist der erste Schritt auf dem Weg zu neuer Bewusstheit und Erfüllung.

Freiheit und
Veränderung
liegen in der Luft.
Ich löse mich
jetzt von
allen alten,
einengenden Ideen.

Ich bin gut genug.
Das Leben ist leicht
und voller Freude.

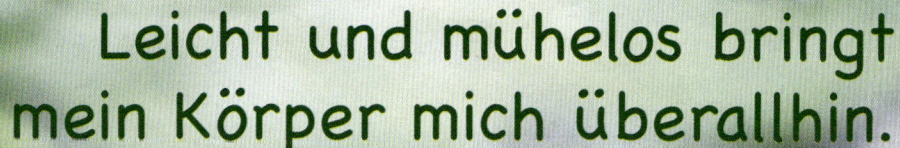

Leicht und mühelos bringt
mein Körper mich überallhin.

Ich umgebe mich mit liebevollen Menschen, die nur das Gute in mir sehen.

Ich hauche meiner Vision Leben ein und erschaffe die Welt, die ich mir wünsche.

In meinem Leben
halten Arbeit und Spiel
einander freudig die Waage.

Die göttliche
Intelligenz
gibt mir
alle Ideen ein,
die ich für ein
erfolgreiches,
erfülltes Leben
benötige.

Ich fühle mich neugeboren.
Ich bin frei von meiner
Vergangenheit. Freudig heiße
ich das Neue willkommen.

86

Ich sehe das
Gute in allen
Menschen und
helfe ihnen,
ihr eigenes
Potenzial auf
bestmögliche
Weise zu
entfalten.

Ich entwickle Mitgefühl für meine Eltern und ihre aus der Kindheit herrührenden Irrtümer und Fehler. Durch ihr Sosein haben sie mir geholfen, meinen eigenen Weg zu finden.

Ich bin dazu geboren,
erfolgreich zu sein,
und ich nehme
meinen Erfolg
jetzt dankbar an.

Je mehr ich anderen helfe,
desto mehr gedeihe
ich selbst. In meiner Welt
gibt es nur Gewinner.

Ich bin immer pünktlich.
So zeige ich meinen Mitmenschen
Respekt und Wertschätzung.

Ich trete von nun an mutig für mich ein.

Ich beanspruche die Macht, selbst über mein Leben zu bestimmen.

Ich
liebe mich
genau so,
wie ich bin.

Ich bin in der Lage,
meine Gefühle jederzeit
offen zu zeigen.

Mein Körper
spiegelt meine
geistige Verfassung
wider.
Ich bin
gesund und heil
und gedeihe
in jeder Hinsicht.

94

Ich denke positiv.
Das Leben
bringt mir die
guten Erfahrungen,
die ich verdiene.

Meine Fähigkeit,
in meinem Leben
Gutes zu erschaffen,
ist grenzenlos.

Ich bin
liebenswert,
weil es mich gibt.

Ich bringe meine einzigartigen Gaben
und Fähigkeiten auf zutiefst befriedigende
und erfüllende Weise zum Ausdruck.

Ich bin überall
behütet und geborgen.
Durch positive Gedanken
schaffe ich mir Sicherheit.

Ich tue stets
das Rechte,
zur rechten
Zeit und am
rechten Ort.

Jede Erfahrung in meinem Leben gibt mir Gelegenheit, zu lernen und zu wachsen.

Ich lasse es jetzt
geschehen, dass
die Liebe mein
ganzes Sein
durchströmt und
meinen Körper
und meine
Emotionen heilt.

Ich bin anderen Menschen
zutiefst dankbar für
ihre Liebe und Güte.

Ich öffne mich für die gewaltigen
Möglichkeiten des Lebens.
Dies gibt mir unendlich
viel Raum für Kreativität
und Entfaltung.

Alles, was ich anfange,
wird ein Erfolg.
Wohlstand strömt
aus allen Richtungen
in mein Leben.

Alle meine
Beziehungen
zu anderen
Menschen
sind
harmonisch.
Ich sehe
überall
nur Harmonie.

Ich treffe stets
die für mich
richtigen
Entscheidungen.

Ich liebe mein Sein und mein Tun.

Die Vergangenheit
ist vorüber und
nicht mehr zu ändern.

Nur die Gegenwart kann
von mir erlebt und
gestaltet werden.

Ich bin im
Frieden mit
den Elementen
der Natur.
Das Wetter
ist weder »gut«
noch »schlecht«,
ich muss nur
richtig darauf
reagieren.

Ich stehe zu mir
und freue mich
des Lebens.

In meiner Welt
vollbringe ich Wunder.
Ich bin immer offen für die
Wunder des Universums.

Ich baue auf mich selbst
und darauf,
dass das Leben mich
immer erhält und beschützt.

114

Ich erziele mit
angenehmer,
befriedigender
Arbeit ein
ausgezeichnetes
Einkommen.
Wer erfolgreich
sein will,
ist es auch.

Ich sehe, wo in meinem Leben Veränderungen nötig sind, und gehe diese Dinge aktiv an.

Heute halte ich
mentalen Hausputz!
So schaffe ich
Platz für neue,
positive Gedanken.

Ich bin eine
göttliche, wunderbare
Manifestation des Lebens.
Liebe umgibt
und beschützt mich.

118

Ich löse mich jetzt
von dem Bedürfnis,
anderen Menschen
Vorwürfe zu machen.

Und ich mache
auch mir selbst
keine Vorwürfe.

Ich bin eins mit
jener unendlichen Macht,
die mich erschuf.

Ich danke
für alle
Geschenke
und
Segnungen
des Lebens.

Ich sorge ab heute gut
für meinen Körper,
meinen Geist und
meine Gefühle.
Ich fühle mich gut!

Immer wieder
entdecke ich
die Welt neu.

Schönheit
umgibt mich
auf all meinen
Wegen.

Ich tue meinen Mitmenschen Gutes, und so wird auch mir immer wieder Gutes geschenkt.

Ich sehe eine Welt des Friedens und des Wohlstandes.
Ich sehe Harmonie zwischen den Nationen
und erzeuge selbst Harmonie.

Für alles,
was ich tun möchte,
gibt es genug
Raum und Zeit.

Ich bin von
lieben Menschen umgeben,
und es fällt mir leicht,
anderen meine Liebe zu schenken.

126

Ich bin meiner Mutter
sehr dankbar sowie
allen Müttern auf Erden,
die ihren Kindern
Liebe schenken.

Ich liebe meine Familie und mein Zuhause. Ich fühle mich behütet, warm und sicher.

Ich weiß, dass das
Leben wunderbar ist!
Ich sehe nur Gutes
auf mich zukommen.

Ich erweitere ständig
meinen Horizont.
Das Leben bietet mir
viel Raum für Entwicklung
und Selbstentfaltung.

Ich schenke der Welt das, womit ich selbst beschenkt werden möchte.

Wenn ein negativer Gedanke in meinen Geist dringt, sage ich sofort entschieden: »Hinaus!«

Ich erfahre das Leben
als einen freudigen Tanz.

Ich habe einen Körper, der für mein jetziges Leben ideal ist.

Ich schiebe Dinge nicht
auf die lange Bank,
sondern bin
entscheidungsfreudig
und handle rasch
und konsequent.

Ich sehe toll
aus und
fühle mich toll.
Hier bin ich,
Welt …
empfangsbereit
und offen für
alles Gute!

Ich vergleiche mich
nicht mit anderen
und konkurriere
mit niemandem.
Ich bin einfach
gern ich selbst
und gebe mein Bestes.

Alles, was ich
wissen muss,
wird mir zur
rechten Zeit
enthüllt.
Ich kann mich
immer auf
meine Intuition
verlassen.

138

Ich bitte um das,
was ich mir wünsche.
Ich weiß, das Universum
versorgt mich mit allem,
was ich zu meinem
Glück brauche.

Ich vertraue darauf,
dass die Macht, die mich erschuf,
jederzeit für meinen Schutz sorgt.

Gern und mit Freude
helfe ich, wo immer ich
kann, und erleichtere
so anderen ihre Last.

Ich überwinde
alle Grenzen.
Ich bin
göttlich geführt
und inspiriert.

142

Ich bin einmalig und wunderbar! Je mehr ich mich selbst liebe, desto weniger Stress habe ich in meinem Leben.

Ich bin geduldig, tolerant und diplomatisch.

Ich erwarte ein frohes, gutes Leben, und was ich erwarte, wird Wirklichkeit.

Ich bitte täglich um
neue Erkenntnisse
und Einsichten,
die mir helfen,
ein erfülltes,
glückliches Leben
zu führen.

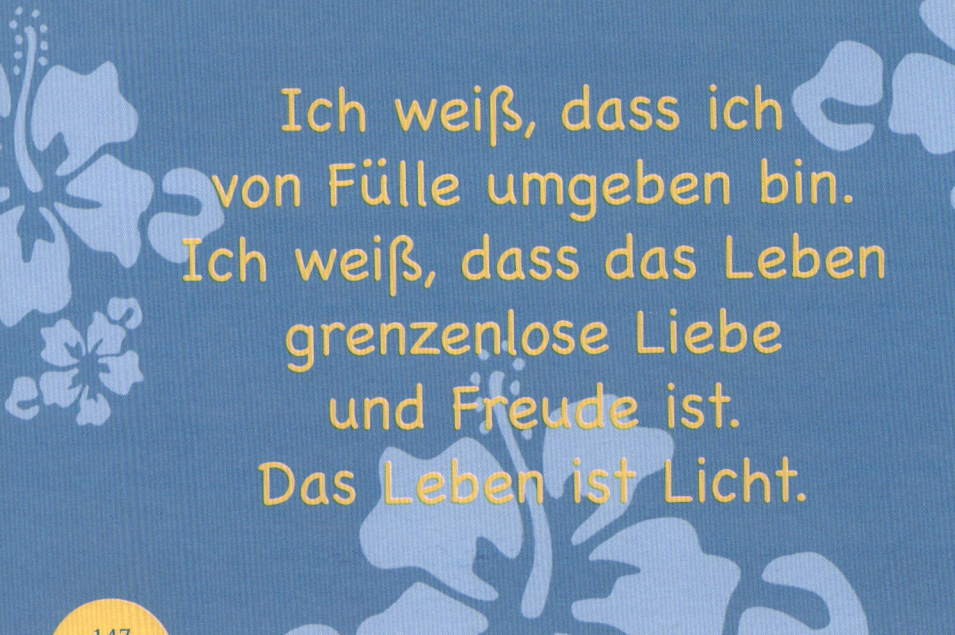

Ich weiß, dass ich
von Fülle umgeben bin.
Ich weiß, dass das Leben
grenzenlose Liebe
und Freude ist.
Das Leben ist Licht.

147

148

Jede Veränderung bringt Wachstum
und erweitert meine Sicht des Lebens.

Ich erschaffe mir jetzt neue Erinnerungen voller Frieden, gutem Willen und Mitgefühl.

Wenn ich in meinem Inneren
Harmonie und Gleichgewicht finde,
dann finde ich sie auch in der äußeren Welt.

Ich entscheide mich
jetzt bewusst dafür,
die Großartigkeit
meines eigenen Seins
anzuerkennen.

Ich lehne Menschen nicht ab,
weil sie anders sind als ich,
denn in Wirklichkeit sind wir alle eins.

Ich werde jetzt hingeführt
zu einem erfüllten Leben.
Ich erschaffe mir eine Welt,
in der ich mit Segnungen
überhäuft werde.

Ich bin gut
organisiert.
Das Leben
ist einfach
und fließt
mühelos
dahin.

154

Es fällt mir leicht, mich
auf Veränderungen
einzustellen.

Ich bin flexibel und
fließe harmonisch
mit dem Leben.

Ich erhalte
vom Leben stets das,
was ich selbst gebe.
Gebe ich nur Gutes,
empfange ich
auch nur Gutes.

Ich bin bereit,
mich selbst
lieben zu lernen.

Ich wage mich mutig
auf Neuland vor und
beginne aufregende
neue Unternehmungen.

158

Im Rhythmus und Fluss
des sich ständig
verändernden Lebens
fühle ich mich
sicher und geborgen.

Die Vergangenheit hat
keine Macht über mich.
Ich weiß, sie ist vorbei.
Ich lebe ausschließlich
in der Gegenwart.

Ich sehe meine negativen Verhaltensmuster. Ohne Scham und Selbstvorwürfe ändere ich sie, und mein Leben wird besser.

162

Mit
Freude und
Leichtigkeit
überquere ich
alle Brücken.

Die Liebe begegnet mir überall.
Liebevolle Menschen kreuzen
meinen Weg, und es fällt
mir leicht, anderen Liebe
zu schenken.

Ich bin im Frieden
mit meiner Sexualität.
Ich umarme mich selbst
voller Liebe und Mitgefühl.

Ich vertraue darauf, dass das Leben mir nur Gutes bringt.

Bewusstwerdung ist der erste Schritt
zu Heilung und positivem Wandel.
Von Tag zu Tag werde ich bewusster.

Meine Gedanken sind schöpferisch.
Ständig erweitere ich
meinen Horizont und strebe
nach neuen Einsichten
und Erkenntnissen.

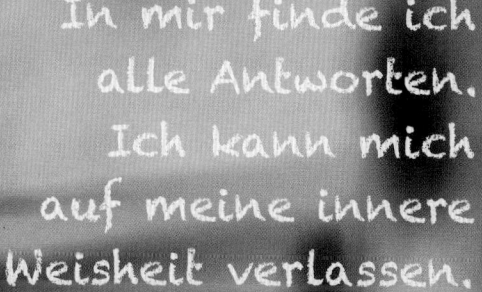

In mir finde ich
alle Antworten.
Ich kann mich
auf meine innere
Weisheit verlassen.

Ich respektiere meinen
Vater wegen seiner Liebe,
seines Urteilsvermögens
und einfach um
seiner selbst willen.

Ich weiß,
der gegenwärtige
Augenblick ist
das Kraftzentrum.
Nur von hier aus kann
ich mein Leben verändern.

Ich bin bereit zu Entwicklung und persönlichem Wachstum. Jeder Tag bringt mir neue Chancen zur Selbstverwirklichung.

Ich bin allen
Herausforderungen
gewachsen.
Ich akzeptiere mich,
wie ich bin,
und lebe in Frieden
mit mir selbst
und der Welt.

Ich bin stets zur
rechten Zeit am rechten Ort.
Ich scheue keine Aufgabe
und handle immer
der Situation angemessen.

Ich übernehme
jetzt die volle
Verantwortung
für alle Bereiche
meines Lebens.

Ich liebe meinen Körper.
Von Jahr zu Jahr fühle
ich mich entspannter
und attraktiver.

176

Ich verdiene
nur das Beste.
Für all meine
Wünsche und
Bedürfnisse
wird gesorgt,
noch ehe ich
überhaupt um
etwas bitte.

Offen und frei bringe ich meine Kreativität zum Ausdruck.

Ich löse mich jetzt von allen
Denk- und Verhaltensmustern,
die zu negativen
Lebenserfahrungen
führen.

178

Ich empfange
die völlige Erfüllung
aller Wünsche.
In allen Lebensbereichen
finde ich Erfüllung.

Ich schließe jetzt
Freundschaft mit
mir selbst.
Ich liebe mich
und mir gefällt,
was ich sehe,
wenn ich in den
Spiegel schaue.

Ich öffne mich
für Veränderungen,
sie machen mir
keine Angst.
Ich bin frei.

So,
wie ich bin,
bin ich
vollkommen.

182

Ich bin bereit,
mein höchstes Potenzial
zu entdecken und zu entfalten,
und ich verdiene im Leben
nur das Beste.

Es steht mir frei,
frohe Gedanken
zu wählen.
Es ist mein
göttliches Recht,
mich für die Freude
zu entscheiden.

Mit Liebe und Mitgefühl akzeptiere ich mich ganz so, wie ich heute bin.

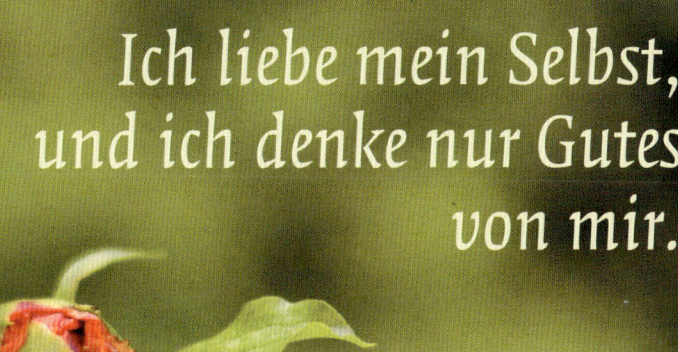

Ich liebe mein Selbst,
und ich denke nur Gutes
von mir.

Ich mache
niemandem Vorwürfe,
auch nicht mir selbst.
Ich akzeptiere
alle Menschen so,
wie sie sind.

Dies ist ein
neuer Tag.
Ich bin
ein neuer
Mensch.

Alles in meinem Leben
geschieht zur
rechten Zeit
und am rechten Ort.

Das Universum ist Fülle,
und ich bin ein Magnet
für materielle Fülle und Wohlstand.

Ich mache aus jeder neuen Erfahrung eine Gelegenheit für Wachstum und persönliche Entwicklung.

Ich kann es
mir leisten,
flexibel zu sein
und mich in
andere Menschen
hineinzuversetzen.

Ich habe ein
göttliches Anrecht darauf,
in allen Lebensbereichen
Erfüllung zu finden.

Ich bin es wert,
erfolgreich zu sein.

Es fällt mir leicht, mich auf Neues einzulassen und meinen Horizont zu erweitern.

Mühelos trenne ich mich von allem, was ich nicht länger brauche.

Das Universum schützt, unterstützt und erhält mich auf jede erdenkliche Weise.

Durch Entspannung
kann mein Körper
sich heilen und erneuern.
Je entspannter ich bin,
desto gesünder bin ich.

Ich bin intelligent und stark.
Es fällt mir leicht,
auf ehrenwerte
Weise meine
Interessen zu
wahren.

Mit jeder neuen Erfahrung
lerne ich etwas Neues
über meine Bestimmung
hier auf Erden.

Mein Einkommen wächst stetig.

Für jedes Problem
gibt es eine Lösung.
Lernen fällt mir leicht
und macht Spaß.

Ich bin bereit, erwachsen zu werden und die Verantwortung für meine Gefühle zu übernehmen.

Andere Menschen
achten mich,
weil ich mich selbst achte.

Alles hat seinen Sinn.
Wenn etwas aus meinem Leben
verschwindet, dann,
weil ich es nicht länger brauche.

Voller Begeisterung
freue ich mich auf
die Herausforderungen
und Abenteuer
des neuen Tages.

Ich erwarte ein
sicheres und
glückliches
Leben.

Ich nehme
nur das Gute
in mir auf.

Mein Herz ist offen.
Meine Worte
sind liebevoll.

Ich freue mich
an dem,
was ich habe,
und ich weiß,
dass immer neue,
frische Erfahrungen
auf mich warten.

208

Ich habe
die völlige Freiheit,
meine Gedanken
selbst zu wählen.
Mein Geist ist
frei und leicht.

Ich bin hier und jetzt bereit,
meine eigene Schönheit
und Größe zu akzeptieren.

Ich bin jeder Situation gewachsen.

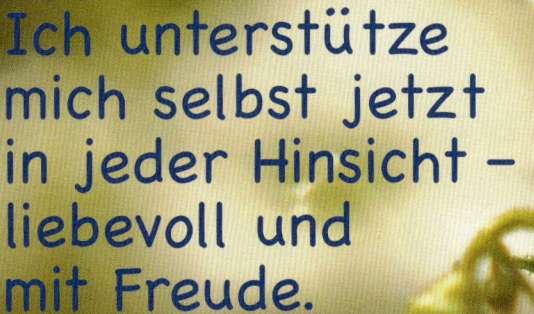

Ich unterstütze
mich selbst jetzt
in jeder Hinsicht –
liebevoll und
mit Freude.

Liebevoll höre ich auf die Botschaften meines Körpers. Mein Körper ist ein Beispiel für vollkommene Gesundheit.

Ich lache über
das Leben
(und über mich selbst)
und lasse mich von
nichts und niemandem
ärgern oder belästigen.

Weisheit, Liebe
und Leichtigkeit
sind die Maximen
für mein Handeln.

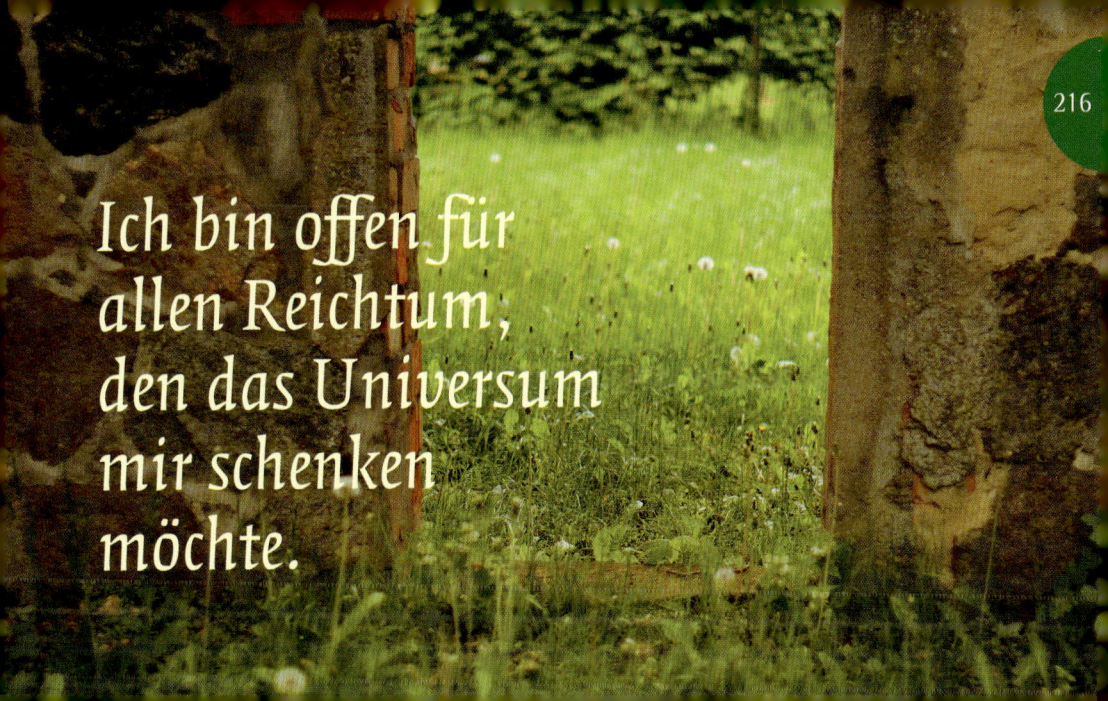

Ich bin offen für
allen Reichtum,
den das Universum
mir schenken
möchte.

Ich lebe
mit Begeisterung!
Energie und
Optimismus
erfüllen mich.

218

Jeder neue
Augenblick
gibt mir eine
willkommene
Gelegenheit,
immer mehr
ich selbst
zu werden.

Ich löse mich jetzt
von allem
Schmerz und Groll.

220

Ich sehe
um mich
herum nur
Harmonie.
Ich bin stets
sicher und
geborgen.

Die Liebe ist meine ständige Begleiterin.

Komplimente sind ein Ausdruck von Wohlstandsbewusstsein. Ich akzeptiere sie freudig und dankbar.

Ich bin in
meinem Körper
zu Hause.

Jede Zelle meines Körpers reagiert
unmittelbar auf jeden meiner Gedanken.
Deshalb ist positives Denken so sinnvoll.

Ich hebe jetzt meine inneren Schätze und finde so im Leben wahren Reichtum und Erfüllung.

Veränderung
ist meistens
gerade in jenen
Lebensbereichen
nötig,
in welchen
ich besonders
ungern etwas
verändern
möchte.

226

Jede Unternehmung,
zu der meine innere
Stimme mich hinleitet,
wird erfolgreich sein.

Menschen
verändern sich.
Ich lasse ihnen
Raum für
Veränderung
und vertraue
darauf,
dass sich stets
alles zum
Guten wendet.

228

Ich akzeptiere mich
und erschaffe mir
Frieden in
Herz und Gemüt.

Heute
ist ein
wunderbarer
Tag,
weil ich
entscheide,
dass es so ist.

230

Ich akzeptiere,
dass Gesundheit
mein natürlicher
Zustand ist.

Ich sehe klar, und es fällt mir leicht,
mit den Wechselfällen des Lebens
konstruktiv umzugehen.

Ich unternehme schwungvolle Spaziergänge im Sonnenschein, um Körper und Geist zu erfrischen.

Mein Körper
möchte aktiv
und gesund
sein.
Sport und
Bewegung
machen
mir Freude.

234

Es steht mir frei,
wunderbare Gedanken
zu denken.
Ich habe die Kontrolle
über meinen Geist.

Liebe durchströmt und erfüllt mich. Meine Liebe stärkt
mein Mitgefühl und strahlt auf alle Menschen aus.

Alles,
was ich suche,
ist bereits in mir.

Ich vergebe allen
Menschen und
erschaffe mir
ein Leben nach
meinen eigenen
Vorstellungen
und Wünschen.

Ich überwinde herkömmliche, enge Denkschablonen und stimme mich auf den unendlichen göttlichen Geist ein, durch den alle Dinge möglich sind.

Ich fühle mich erfüllt
von pulsierender,
dynamischer Energie!
Ich bin aktiv und
quicklebendig.

240

Es macht mir Freude,
mich weiterzuentwickeln.
Barrieren, die mich
dabei behindern,
lasse ich jetzt hinter mir.

Kreative Entfaltung und Erfüllung sind
mein Geburtsrecht. Hier und heute
freue ich mich meines Lebens!

Ich genieße meinen inneren
und äußeren Reichtum
und lasse mich begeistert
auf neue Entdeckungen
und Abenteuer ein.

244

In meinem Leben öffnen sich immer neue Türen zu Liebe, Erfolg und Erfüllung.

Ich bin immer
zur rechten Zeit
am rechten Ort,
sicher und behütet
durch die
universelle Liebe.

Mein Leben
ist ein Fest,
das ich fröhlich
mit all meinen
Freunden feiere!

Freude und Erfüllung
sind die Motive meines
Strebens – nicht einfach
nur der bloße Lebensunterhalt.

247

248

Das Leben unterstützt mich hundertprozentig. Es bringt mir ausschließlich positive Erfahrungen.

Meine innere Suche
wird reich belohnt –
das Leben beantwortet
all meine Fragen.

250

Ich lerne meine Lebenslektionen mühelos und mit Leichtigkeit.

In all meinen
zwischenmenschlichen
Beziehungen
regiert die Liebe.

Mein Tag beginnt und endet
in Dankbarkeit und Freude.

252

Dieser Planet
ist meine Heimat.
Liebevoll kümmere ich
mich um die Erde und
all ihre Bewohner.

Ich bin immer
im besten Alter,
und mein Geist
ist immer wieder
frisch und jung.

254

Ich pflege die Gastfreundschaft und empfange meine Gäste liebevoll. Sie sind für mich Teil der Familie.

Ich befreie mich
jetzt von alten
Glaubenssätzen,
die mir nicht
länger
dienlich sind.

256

Mein Herz verzeiht
und gibt frei.
Innerer Frieden
ist mein Ziel.

Alle meine Erfahrungen
tragen auf perfekte Weise
zu meiner persönlichen
Entwicklung bei.

Ich bin gut organisiert
und produktiv.
Energiegeladen, mühelos
und voller Freude
schaffe ich Ordnung
in meinem Leben.

Ich höre jetzt auf,
mich selbst und andere zu kritisieren.
Stattdessen vertraue ich auf meine Kreativität
und löse all meine Probleme.

Wachstum und Veränderung
brauchen Geduld.
Daher bin ich sanft
und freundlich
zu mir selbst.

Ich mache Gebrauch
von meiner
inneren Weisheit.
So lenke ich
mein Leben
auf kluge Weise.

262

Vergebung ist das Tor zur Liebe.
Liebevoll löse ich mich von
der Vergangenheit und
gehe freudig in den neuen Tag.

Ich überwinde
die alten Grenzen
und öffne mich
für neue,
positive Erfahrungen.

Auch meine besten Freunde
waren einst Fremde für mich.
Deshalb begegne ich anderen
Menschen warmherzig
und aufgeschlossen.

Das Leben spiegelt
all meine Gedanken.
Wenn ich positiv denke,
bringt es mir
nur positive Erfahrungen.

Es macht mir Freude,
gut für mich selbst
und andere
zu sorgen.

268

Das Universum
unterstützt
jeden Gedanken
uneingeschränkt.
Darum sollte ich
meine Gedanken
klug wählen.

Göttlicher Friede
und Harmonie
begleiten mich
auf allen Wegen.

Ich lasse los und
schwimme mich frei.
Alles, was ich
nicht mehr brauche,
gebe ich freudig auf.

Wohlstandsgedanken
erschaffen
eine Wohlstandswelt.

Ich habe Freude an meinem Körper!
Pulsierende, blühende Gesundheit
erfüllt mich und strahlt von mir aus.

Ich bin unabhängig
und tue, was ich will.
Ich bin offen für neue Ideen
und neue Wege und
schreite mutig voran.

274

Mein Leben ist
reich an allen
guten Dingen.
Ich gebe und
empfange Gutes
und ruhe in
meiner Mitte.

Ich arbeite stets
mit wunderbaren
Menschen.
Ich liebe meine Arbeit.

Mein Geist
und Körper
sind in
perfektem
Gleichgewicht.
Ich bin
ein Wesen
in Harmonie.

276

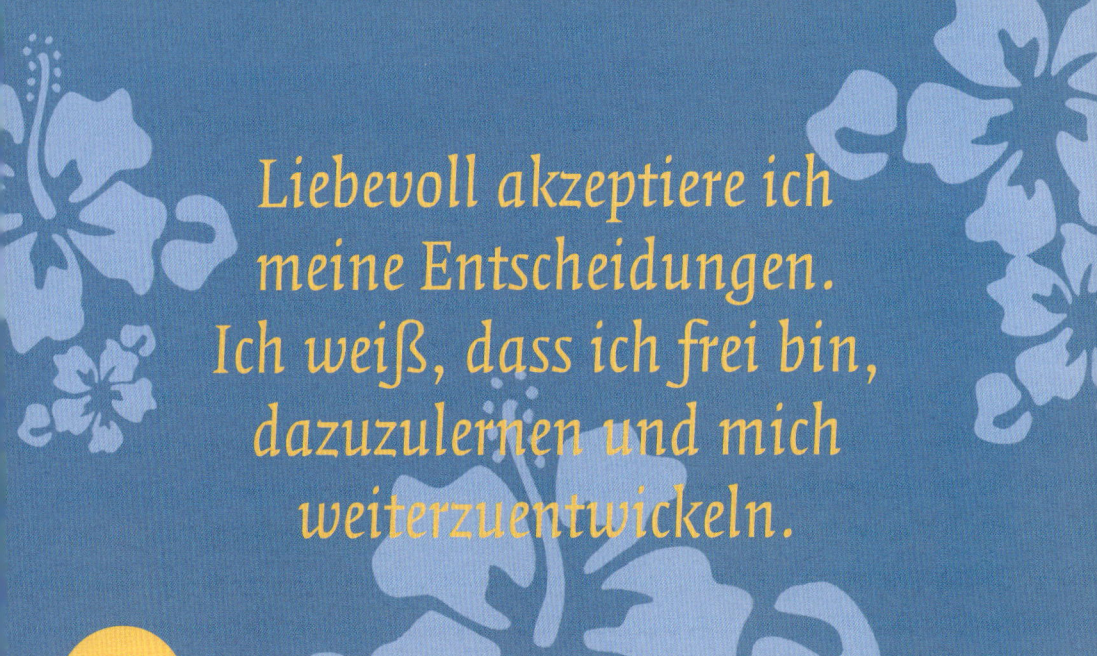

Liebevoll akzeptiere ich
meine Entscheidungen.
Ich weiß, dass ich frei bin,
dazuzulernen und mich
weiterzuentwickeln.

278

Ständig gelange ich zu neuen Erkenntnissen und erweitere meine Weltsicht.

Voller Zuversicht gehe ich meinen Weg, denn ich weiß, dass sich meine Zukunft auf bestmögliche Weise entfaltet.

Von Tag zu Tag
werde ich liebenswerter.
Andere nehmen mich
als sympathischen,
großzügigen Menschen wahr.

280

Ich bin für all
meine Erfahrungen
selbst verantwortlich.

Meine Mitmenschen respektieren mich
und wissen meine Arbeit zu schätzen.

Ich strahle Wärme
und Liebe aus.

Ich bin schön,
und alle lieben mich.

Ich erwache und erkenne
all meine wunderbaren
Chancen und Möglichkeiten.

Ich schließe jetzt
neue Freundschaften
mit anregenden,
liebevollen und
großzügigen Menschen.

Ich vertraue darauf,
dass die göttliche Weisheit
mich jederzeit beschützt.

286

Ich liebe das Leben
und genieße jede Minute!

Jedes meiner Probleme wird durch meine negativen, einengenden Denkmuster verursacht. Positives Denken löst alle Probleme.

Mein Zuhause ist
ein sicherer Hafen.
Ich pflege es liebevoll
und finde dort
Wärme und Geborgenheit.

Ich bringe
meine Gefühle
auf freudige,
positive Weise
zum Ausdruck.

Mein Reichtum ist grenzenlos.

In allen Lebensbereichen herrschen bei mir Fülle und gutes Gedeihen.

Ich bin
dankbar für
die Großzügigkeit,
die das Leben
mir erweist.

Ich bin wahrhaft
gesegnet.

292

Ich versuche nicht länger,
das Universum zu kontrollieren.
Ich bin im Frieden mit dem
Leben und mir selbst.

Ich löse mich
liebevoll
von den Grenzen
und Mängeln
meines
Elternhauses
und folge
meiner
eigenen Vision.

Ich befreie mich selbst
und alle Menschen
in meinem Leben von
alten emotionalen
Wunden.

Der natürliche Zustand
meines Körpers ist
durch Wohlbefinden
gekennzeichnet.
Ich glaube an
vollkommene
Gesundheit.

Beharrlich arbeite ich an der Verwirklichung meiner Ziele.

Ich bin
so erfolgreich,
wie ich es
mir zugestehe.

Ich achte und schütze
meinen Körper,
denn meine Gesundheit
ist mir wichtig.

Ich öffne
mein Herz
weit.

Es jubelt
vor lauter
Liebe!

300

Göttliche Liebe und
universeller Frieden
umgeben und erfüllen mich.

Ich vertraue auf
den harmonischen
Lauf des Lebens.

302

Ich befinde
mich in völliger Harmonie
mit meiner Umwelt:
mit der Sonne, dem Mond,
dem Wind, dem Regen
und der Erde.

Jeden Tag
ziehe ich mich schön an,
denn das inspiriert mich
und hebt meine Stimmung.

Ich konzentriere
mich auf
inneren Frieden
und vertraue
auf meine
innere
Weisheit.

304

Jede neue
Lebensstufe
bringt mir
größere Erfüllung.

Wo immer ich bin, wähle ich Harmonie und liebevollen Austausch mit anderen Menschen.

306

Ich wertschätze alles,
was ich tue.
Ich bin in
meinem Leben
der wichtigste Mensch.

Ich fühle mich zu Hause in einem
Universum, wo alles in liebevoller
Beziehung zueinander steht.

Gemäß unserem
jeweiligen Grad an Wissen
und Bewusstheit
geben wir alle unser Bestes.

Liebevoll behüte ich
mein inneres Kind.

'310

Jederzeit ist ein
Neubeginn möglich.
Das Leben
ist voller Wunder.

Ich bin mitfühlend und verständnisvoll.
Ich kann vergeben und vergessen.

312

Durch meine liebevolle Einstellung helfe ich mit, eine Welt zu erschaffen, in der wir alle einander gefahrlos lieben können.

Je friedfertiger
ich selbst bin,
desto mehr
Frieden kann
ich in der Welt
erzeugen.
Der Weltfrieden
beginnt in mir selbst.

Ich folge meinem
inneren Stern.
Ich bin
ein leuchtendes Beispiel
für Liebe und Licht.

316

Ich nehme das,
was ich an mir
für »schlecht«
halte, und
formuliere
es zu positiven
Affirmationen
um.

Ich inhaliere den
kostbaren
Atem des Lebens
und gönne mir
Entspannung
von Körper, Geist
und Seele.

318

Ich meistere mein Leben mit
Freude und Leichtigkeit.

Ich bin stolz auf
meine Fähigkeit,
kreativ und gelassen
mit den Wechselfällen
des Lebens umzugehen.

Ich bin
sanft und geduldig
mit mir.
Dies spiegelt sich
auch in meiner
Beziehung zu
anderen Menschen
wider.

320

Ich verhalte mich
Tieren gegenüber liebevoll.
Sie sind Geschenke
des Universums.

322

Mein Körper
strebt immer nach
optimaler Gesundheit.
Ich bin glücklich
und gesund.

Heute ist die Zukunft,
die ich mir gestern
erschaffen habe.

Ich weiß,
dass ich volle
Autorität über
die Kraft meines
Geistes habe
und sie in jeder
gewünschten Weise
einsetzen kann.

In meinem Leben
funktioniert
von hier und
jetzt an alles auf
bestmögliche Weise.

Mein Denken ist klar und konzentriert,
und ich ruhe entspannt in meiner Mitte.

Ich bin dankbar
für jeden Tag meines Lebens
und für alles, was die Zukunft
mir bringen wird.
Das Leben meint es gut mit mir!

Gutes kommt auf mich zu,
jederzeit und von überall her.

328

Die Tore zu
Weisheit und Erkenntnis
stehen mir immer offen.

Ständig
gelange ich
zu neuen
Einsichten.
Eine herrliche
Zukunft erwartet mich.

Unterwegs bin ich immer beschützt und geborgen. So kann ich alle meine Reisen entspannt genießen.

332

Ich nehme mir
heute Zeit, in der
Liebe und im
Licht meines
Lebens zu baden.

Was für ein
wunderbarer Tag!

Vergebung bewirkt,
dass ich mich
frei und leicht fühle.
Ich vergebe allen Menschen,
auch mir selbst.

Ich werde
göttlich geführt
und treffe die
richtigen
Entscheidungen.
All meine Wünsche
dienen meinem
höchsten Wohl.

Alles,
was ich sage und tue,
zeugt davon,
wie sehr ich
das Leben liebe
und wertschätze.

Mein Leben ist
überschwängliche
Freude.
Es geht mir von
Tag zu Tag besser.

Ich bin offen
und empfangsbereit
für alle Segnungen
des Universums.

Je mehr Wertschätzung ich mir selbst
und anderen entgegenbringe, desto
glücklicher und erfüllter wird mein Leben.

Alle meine Freunde
kennen meine Bedürfnisse.
Ich habe viele
liebevolle Freunde.

Mein Geist ist
ein Werkzeug,
das ich ganz
nach meinen
Wünschen
nutzen kann.

Ich nehme mir
Zeit für die Dinge,
die mir Freude machen.
Ich bin immer offen
für neue, aufregende
Erfahrungen.

All meine
Wünsche
werden erfüllt,
noch ehe ich
darum bitte.
Alles ist gut
in meiner Welt.

Positive, frohe Ideen
erfüllen jetzt meinen Geist.

Nur wenn ich mich liebe, können auch andere mich lieben. Hier und jetzt praktiziere ich Selbstliebe.

344

345

Ich respektiere
all meine Verwandten,
und darum respektieren
sie auch mich.

Ich betrachte all meine Erfahrungen
als Gelegenheiten, dazuzulernen
und mich weiterzuentwickeln.

Ich weiß,
dass ich
liebenswert bin.
Ich bin stolz,
ich selbst zu sein.

Ich verdiene es,
mich meines
Lebens zu freuen.
Dankbar und
voller Freude
nehme ich die
vielen Geschenke
des Lebens an.

Mein Zuhause schenkt mir Geborgenheit und Wohlbefinden, und ich schenke ihm Liebe.

Ich befreie
mich jetzt von
destruktiven Ängsten
und Zweifeln.

350

Ich freue mich
an meinen Mitmenschen,
und meine Mitmenschen
freuen sich an mir.

Es ist mein
Geburtsrecht,
Anteil an der
Fülle und
dem Reichtum
dieser Welt
zu haben.

352

Ich sage nur Gutes
über andere Menschen.
In meinem Leben ist
kein Platz für Negatives.

Schwierigkeiten
machen mir
nicht länger
zu schaffen.

Ich löse all
meine Probleme
mit Leichtigkeit.

355

Ich bin
ein offener Kanal
für kreative Ideen.

Ich bin leistungsfähig und allen Herausforderungen gewachsen. Kreativ und voller Freude gebe ich beruflich mein Bestes.

Ich bin stark und zuversichtlich.

Ich gehe erhobenen Hauptes durchs Leben.

Anderen Menschen
gütig und mit einem Lächeln
zu begegnen, ist das schönste Geschenk,
das ich der Welt machen kann.

Liebevoll und freudig
lebe ich meine Sexualität.

In meiner
Ehe oder Partnerschaft
gebe und empfange ich
Liebe und Respekt.

Statt mich selbst und
andere zu kritisieren
und zu verurteilen,
konzentriere ich
mich auf das
Gute in meiner Welt.

362

Ich bin entscheidungsfreudig und produktiv.
Was ich anfange, bringe ich auch zu Ende,
ohne Wenn und Aber.

Ich lese Bücher, die Nahrung
für meine Seele sind und
mir Stoff zum Nachdenken bieten.
Es gibt immer etwas zu lernen.

Liebe erfüllt
mein Herz
und
durchströmt
freudig
meinen Körper.

Was ich bis jetzt gelernt
und vollbracht habe,
erfüllt mich mit Dankbarkeit.
Für die Zukunft erwarte
ich nur das Beste.
Alles ist gut in meiner Welt.

Bibliografie

Von Louise L. Hay
sind in unserem Haus erschienen:

Bücher

Der Maler und das Mädchen,
(mit Lynn Lauber)

Ist das Leben nicht wunderbar!,
(mit Cheryl Richardson)

Gesundheit für Körper und Seele
(auch als farbige Geschenkausgabe)

Meditation für Körper und Seele
(auch als farbige Geschenkausgabe)

Licht für Körper und Seele
Finde Deine Lebenskraft
...und plötzlich war alles anders
Gesundheit für Körper und Seele A–Z

Gesund Sein
Alles wird gut!
Das Beste, was mir je passiert ist
Wahre Kraft kommt von innen
Aufbruch ins Licht
Balance für Körper und Seele
Gute Gedanken für jeden Tag
Die Kraft einer Frau
Du bist dein Heiler!
Das Leben lieben
Du selbst bist die Antwort
Die innere Ruhe finden
Das große Buch der wahren Kraft

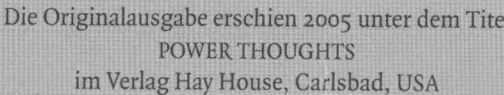

Die Originalausgabe erschien 2005 unter dem Titel
POWER THOUGHTS
im Verlag Hay House, Carlsbad, USA

Allegria ist ein Verlag der Ullstein Buchverlage GmbH

ISBN: 978-3-7934-2260-0

© der deutschen Aufstellerausgabe 2013 by
Ullstein Buchverlage GmbH, Berlin
© der Originalausgabe 2005 by Louise L. Hay
Übersetzung: Thomas Görden
Umschlaggestaltung: Keller & Keller GbR
Umschlagillustration: © Michaela Philipzen, photoecken.wordpress.com
Photographien: © Michaela Philipzen, photoecken.wordpress.com,
mit Ausnahme der Aufnahme »Igel im Winterschlaf«,
Affirmation No. 140: © Adrian Schuster
Gesetzt aus der Chalkboard, Chalkduster und Quadraat
Satz: Keller & Keller GbR
Printed by Tien Wah Press